LE

FRÈRE GUALBERT

A SES

ANCIENS ÉLÈVES

Pensionnat des Frères Maristes

Saint-Pourçain (Allier)

1896

A NOS ANCIENS ÉLÈVES

Chers Amis,

Vous attendez, depuis longtemps, la petite brochure qui doit vous apporter des nouvelles de Saint-Pourçain et de votre chère maison d'éducation.

Plusieurs d'entre vous ont même exprimé leur impatience en me reprochant vivement ma lenteur à vous écrire.

Ils m'ont fait plaisir, ces braves enfants, en me prouvant, une fois de plus, que mes petites causeries avec vous sont toujours bienvenues.

Je m'en doutais un peu, étant donnés votre bon esprit et votre attachement à cette Maison.

Cela me met à l'aise pour vous entretenir de quelques questions à l'ordre du jour. Bien qu'elles ne se rapportent pas directement à nous, elles vous intéresseront parce qu'elles intéressent la religion et par conséquent tous les bons chrétiens.

Je remercie donc les plus impatients d'entre vous de m'avoir aidé à secouer l'engourdissement de l'âge et de m'avoir, pour ainsi dire, mis la plume à la main.

Hélas, je n'ai plus cette vigueur que vous m'avez connue, et dont quelques-uns conservent le souvenir, mais sans amertume, n'est-ce-pas ?

Les années accomplissent leur travail de destruction, travail lent, Dieu merci, mais travail sûr auquel personne ne peut se soustraire.

Pour le moment, laissons de côté cette pensée un peu mélancolique et parlons de notre réunion et de tout ce qui intéresse notre Établissement.

J'y ajouterai, comme je vous l'ai promis, une étude sur le « *droit d'accroissement* » et un coup d'œil général sur la « *faillite de la science* ».

Il est bon d'avoir des idées vraies sur des questions de cette importance.

Notre Réunion

Je suis heureux de constater que nos rangs grossissent rapidement.

De 80 que nous étions à notre première réunion, nous sommes arrivés à 150.

Cette augmentation considérable, en moins d'une année, est une preuve éloquente que ces réunions répondent à un besoin de nos cœurs.

Pour ma part, j'avouerai, très volontiers, qu'elles sont un des grands bonheurs de ma vie.

Quand je me retrouve en communion avec vous, quand je vous vois heureux de me serrer la main, je m'écrie tout ému : « Merci ! mon Dieu, de m'avoir conservé le cœur de ces jeunes gens. »

C'est pour moi, au soir de la vie, une bien douce récompense de constater que mon enseignement a porté des fruits. Votre empressement à nous revenir m'en est un gage précieux.

L'expérience, en effet, m'a mainte fois démontré que

le jeune homme élevé chrétiennement, lorsqu'il conserve le culte de ses maîtres, reste facilement bon; mais si toutefois il s'oublie, et s'égare quelque peu, il décrira, malgré lui, comme une courbe rentrante qui le ramènera au point de départ.

J'ai là, sur ma table, un monceau de lettres, où de bons anciens s'excusent de n'avoir pu répondre à mon invitation.

Elles sont charmantes, ces lettres, et montrent bien que ceux qui les ont écrites sont de cœur avec nous. Ils n'auront pas à décrire la courbe en question parce qu'ils sont bien déterminés à nous rester toujours unis.

Que ne puis-je vous mettre sous les yeux toutes les belles et bonnes choses qui m'ont été écrites!

Je vous les résumerai très élégamment en reproduisant la lettre suivante, due à la plume de notre premier bachelier, Emile Biguet, étudiant en pharmacie et interne des Hôpitaux de Paris.

Paris, le 19 Juin 1896.

Cher Frère Gualbert,

C'est avec plaisir que j'ai constaté que vous alliez, pour la seconde fois, réunir en assemblée générale, la légion de vos anciens élèves.

J'aurais été bien heureux d'assister à cette réunion si fraternelle et si amicale, si la distance et les circonstances ne m'en empêchaient.

L'an dernier, malgré les exigences du métier militaire, j'avais pu trouver un biais pour pouvoir me glisser quelques heures au milieu de vous; j'ai encore présents à l'esprit les bons souvenirs que m'a laissés cette petite fête.

Et d'ailleurs, ces douces impressions ne sont-elles pas inhérentes à toutes les solennités religieuses autant que profanes que vous savez si bien organiser dans votre pensionnat? Peut-il y avoir pour vos anciens élèves, jeunes gens ou hommes déjà mûrs, de perspective plus agréable que celle de pouvoir fraterniser en ces réunions et y renouer les vieilles amitiés d'autrefois, quelquefois interrompues par les travaux ou les exigences de la vie ? de pouvoir remémorer ensemble les anecdotes et les souvenirs d'antan, au milieu de ces cours et de cet enclos, témoins de nos premiers ébats; et qui, à ces jours, semblent comme nous renvoyer de lointains échos de nos rires enfantins.

Et, au milieu de tous vos Frères, qui nous accueillent avec tant de sympathie, on vous retrouve toujours avec bonheur, souriant comme un ami, majestueux comme un père; et prêt à nous initier, comme jadis, au chemin de la vertu et de l'honneur, ces grands mots prononcés si souvent à tort et à travers ailleurs que chez vous, par des gens qui, ayant oublié la chose, voudraient avoir l'air de se souvenir du nom !!

Pour cette année, c'est seulement de cœur que je pourrai assister à votre fête: la proximité de mes examens de fin d'année m'obligeant à un travail plus assidu; en outre, empêché que je suis par de nouvelles fonctions, celles d'interne des hôpitaux, auxquelles je vais être promu à la suite d'un concours où Dieu merci, j'ai été classé le second.

Mon camarade, Henri Judet, rivé ici pour les mêmes raisons, me prie de vous en faire part, par la même occasion.

Il n'y a rien de bien spécial à signaler sur notre vieux Boul' Mich'; il n'a guère changé d'aspect depuis le jour où vous vous étiez risqué à y pousser une pointe. Je souhaite que vous ayez encore quelque statue à acheter dans le courant de ces vacances pour que j'aie le plaisir de vous piloter ici pendant quelques jours.

J'espère maintenant qu'avec la nouvelle municipalité Saint-Pourcinoise qui veut vous doter d'une République d'une largeur démesurée, et démesurément respectueuse des droits de l'homme et des citoyens, Monsieur Roussat va pouvoir de nouveau faire éclater dans nos murs les sons allègres et éclatants de sa fanfare.

Quant aux processions, si l'on ne veut pas vous accorder la liberté de les faire, pourquoi la population de notre petite ville ne la prendrait-elle pas, comme on l'a fait à tant d'endroits ?

Ici, ce n'est pas l'envie qui manquerait d'en faire autant ; mais il y a ces diables de sergots et il y en a tant !... qu'on hésite à s'exposer à leur brutalité. Chez vous, cette crainte ne peut exister, car je pense que les argousins Saint-Pourcinois doivent être bien novices dans l'art de passer à tabac !!!

Dans le quartier si religieux de Saint-Sulpice, on a tourné la difficulté et d'une façon très heureuse. La procession, après s'être faite dans l'église, vient à se disloquer extérieurement; tandis que le clergé reste au reposoir dressé devant le porche. La foule immense va s'agenouiller sur l'immense place que vous connaissez pour y recevoir la bénédiction.

Il y a bien quelques youpins et quelques chevaliers de la truelle qui ronchonnent; mais je vous assure qu'ils le font bien discrètement.

Pourquoi n'imagineriez vous pas avec vos collègues fabriciens un petit système de ce genre-là ??

Je vous quitte, cher frère Gualbert, en vous priant de serrer cordialement la main de ma part au frère Adorator, à M. Roussat, ainsi qu'à tous vos Frères,

Je reste toujours votre ancien élève reconnaissant et dévoué

E. BIGUET.

Cette lettre est charmante, et j'adresse mes compliments à son auteur ainsi qu'à tous ceux qui ont bien voulu m'écrire.

Je fais des vœux pour que l'année prochaine, rien ne s'oppose à leur arrivée parmi nous.

Je vais essayer de retracer le tableau de notre belle fête du 28 Juin.

Je désire que les absents puissent y trouver une légère compensation au sacrifice qu'ils ont dû faire.

Quant aux autres, j'espère qu'ils seront, comme moi, très heureux de rafraîchir un aussi agréable souvenir et de rappeler, pour quelques instants, les émotions d'une journée que nous ne voulons pas oublier.

L'Arrivée

N'est-ce pas que vous vous êtes sentis impressionnés lorsque, accourant au rendez-vous, vous avez revu la Maison où se sont écoulées vos jeunes années, lorsque vous avez retrouvé, changés par le temps, vos chers compagnons de classe, lorsque, pour satisfaire à un besoin de votre cœur, vous avez voulu revoir la petite chapelle où vous avez prié et chanté si souvent, les classes où vous avez retrouvé le souvenir d'un maître bien aimé et peut-être aussi le souvenir de quelque fredaine ignorée, la salle d'études où les heures sont si longues en face d'un devoir peu agréable, le réfectoire où toutes les fêtes religieuses ont leur retentissement, les cours où les jeux sous mille formes différentes absorbent l'exubérance de notre activité ?

A cette résurrection d'un temps qui n'est plus, nous serions volontiers mélancoliques ; mais les vigoureuses poignées de mains des amis, les cris de joie, les appels qui se croisent, les rires bruyants qui se répondent, les arrivées qui se multiplient, les groupements qui se forment et où chacun exprime la joie du revoir après une longue absence, la vie, une vie intense, débordante qui, en ce jour, circule partout, dans l'heureux oubli des misères de la vie ; tout cela forme comme un courant de bonne humeur qui entraîne tout le monde et répand sur toutes choses un charme particulier.

La Sainte Messe

C'est dans cet état d'âme que, répondant à la voix de la cloche, nous nous rendons à la chapelle pour entendre la sainte Messe.

Je me suis demandé souvent quels sont les chants ou

les morceaux de musique qui vous intéresseraient le plus pendant le saint Sacrifice?

J'ai appris avec bonheur que vous préfériez la Messe simple avec les bons vieux cantiques que vous chantiez autrefois.

Vous étiez bien heureux de redire en ce jour :

> « Peuple élu peuple de Marie,
> « Enfants du ciel, goûtez votre bonheur :
> « Qu'une seule âme, qu'un seul cœur
> « Soit votre devise chérie. »

Oh! ces bons et pieux cantiques comme ils résonnaient, chantés par vos voix d'hommes!

Comme je vous écoutais ravi, et comme je cherchais à distinguer vos voix que je connaissais si bien il y a peu d'années !

Notre ami Borda possède toujours un très bel organe et je vous assure qu'il ne le ménageait pas.

Il faudrait citer tout entière l'allocution de M. Moitron, notre très éloquent pasteur, qui a bien voulu, à l'issue de la Messe, souhaiter la bienvenue à cette magnifique phalange d'anciens élèves, affirmant énergiquement leur foi dans une fin de siècle que caractérisent la veulerie et l'impiété.

La Messe terminée, nous avons eu notre petite réunion intime dans la salle d'études que vous connaissez tous.

C'est là que, face à face, nous nous sommes comptés et nous avons joui tous ensemble du bonheur de nous revoir.

Comme c'était tard et que les estomacs criaient famine, après quelques paternelles exhortations, comme je vous les faisais lorsque vous étiez élèves, nous nous sommes rendus sous le vaste préau magnifiquement décoré pour nous recevoir.

Le Banquet

Une table splendide, en fer à cheval, présentait le plus gracieux coup d'œil.

Les guirlandes festonnaient agréablement dans toute la longueur de cette salle improvisée, tandis qu'appendus aux murs de nombreux drapeaux, aux couleurs nationales, apportaient dans l'harmonie générale la note patriotique.

« Un bon chrétien fut toujours bon soldat. »

Je ne dirai rien du dîner, car si la table, d'après un ancien, est, même pour des étrangers, l'entremetteuse de l'amitié, que doit-elle être quand elle ne réunit que de vieux condisciples, de vieux amis, charmés de se retrouver et tout disposés à se livrer largement aux plaisirs partagés d'un banquet fraternel ?

Les Dépêches

Il nous est arrivé, pendant le dîner, plusieurs dépêches qui vous intéresseront. C'est d'abord M. de Montpansin qui, non content d'avoir pris une part généreuse à nos frais d'organisation, nous adresse le télégramme suivant :

De cœur avec anciens maîtres et camarades. Vive le Frère Gualbert !

C'est ensuite frère Floride, bien connu parmi vous, qui s'écrie :

De cœur avec les anciens !

Citons encore notre brave Chadefaud, un des fondateurs de notre fanfare, qui du milieu de Bordeaux pense à nous et court au télégraphe pour nour envoyer son adhésion et nous exprimer ses sincères amitiés.

La lecture de ces télégrammes est saluée par de bruyants applaudissements.

Le Salut

Le dîner était à peine terminé que la cloche nous appelait à la chapelle une seconde fois.

Nous voulions, dans un salut solennel, cimenter devant Dieu l'union de nos cœurs et jurer fidélité à la foi de nos aïeux.

Cette cérémonie a été fort touchante dans sa simplicité : vous chantiez avec tant d'âme et d'ensemble ces beaux chants de la Bénédiction du Très Saint-Sacrement !..

Avant de continuer mon récit, je veux rappeler deux petits incidents qui m'ont causé quelque ennui.

Les Incidents

M. Borda nous a quittés au milieu du dîner pour des affaires urgentes. Il s'est arraché avec beaucoup de peine au charme de notre société et je vous assure que je n'ai rien négligé pour le retenir.

Sa présence à cette fête revêtait donc un caractère tout particulier d'attachement puisqu'il n'a pas hésité à s'imposer le sacrifice d'une brusque séparation pour nous donner quelques heures.

Vous ne vous doutez pas non plus que l'heure du Salut, en nous appelant précipitamment à la chapelle, nous a privés de plusieurs toasts qui eussent charmé l'assistance.

Notre vénéré président, M. l'abbé Aubin, curé-doyen de Bransat, avait préparé une véritable perle pour la circonstance.

N'oublions pas de la lui demander l'année prochaine.

Récréation Dramatique

J'aurais à rendre compte maintenant de l'intéressante pièce que les anciens de la fanfare nous ont donnée après le banquet, comme récréation dramatique.

Je dirai seulement que cette « *Succession Beaugaillard* » a provoqué un long et interminable éclat de rire.

Ils ont été désopilants tous ces acteurs, vieux habitués de la scène. Il faudrait tous les citer : je ne nommerai que les deux volumineux cuisiniers, Michel Guyot et Alphonse Breton, dont l'obésité constituait, pour la circonstance, une enseigne de restaurant originale et attractive.

Ces deux acteurs sont destinés à « l'avancement. » Je ne serais pas étonné que notre Alphonse, en garnison à Nancy, nous revienne caporal aux vacances de Pâques. Il suit le peloton, mais en soufflant bruyamment. Songez donc : on n'a pas pu, dans toute la caserne, lui trouver un pantalon ; il lui en aurait fallu deux pour l'envelopper convenablement.

Après la séance qui a été très récréative, on s'est mis à circuler librement dans les allées du parc, renouant des liens d'amitié plus particulièrement chers. Quelques-uns, hélas ! ont dû penser au retour et se sont rendus à regret au train de 6 heures 55.

Soirée improvisée

Le soir touchait à sa fin et l'on aurait pu croire que la fête était terminée. Pas du tout ; le préau se remplit une seconde fois et l'on se partage fraternellement les quelques plats apportés pour le personnel de la maison.

C'est alors que la scène, encore toute décorée, s'illumine et les chants succèdent aux chants jusqu'à 10 heures. M. Roussat ne quitte pas le piano ; il accompagne tous les morceaux et se fait l'âme de cette soirée intime.

Nous remercions tout particulièrement M. Antoine Laugier d'avoir mis à notre disposition son répertoire inépuisable. Je souhaite que son exemple ait des imitateurs.

Il est inutile de féliciter M. François Chevalier : c'est depuis longtemps un maître dans le genre. Nous le prions de penser déjà à l'année prochaine. Il peut être sûr de ne jamais lasser ses auditeurs... Pourquoi son frère Emile, dont le caractère et les talents scéniques sont si appréciés des anciens, n'a-t-il pas été des nôtres ?...

Je vois l'ami Roussat prendre, à cette question, un petit air mystérieux et dire : « Je le sais bien, moi. »

. . . .

Nous l'avons su depuis par les graves évènements qui se sont accomplis.

Espérons que la pharmacienne que le bon Dieu lui a donnée n'apportera jamais plus d'obstacle à sa présence parmi nous.

Tous nos compliments à M. Tissier, un de nos plus anciens qui, pour le bon exemple, n'a pas hésité à enjamber la scène et à nous donner quelques belles romances.

Citons encore M. Jourde, un des zélateurs les plus actifs de l'œuvre des anciens. Je voudrais pouvoir tous vous nommer, chers amis, parce que tous vous m'avez fait plaisir par l'attachement que vous m'avez montré !

Vous avez dû remarquer avec plaisir que nos supérieurs étaient représentés à votre belle réunion. Le cher frère Mélétius, vicaire provincial, délégué par notre frère assistant, m'a chargé de vous exprimer toute la sympathie que vous lui avez inspirée par votre bon esprit.

Notre Pélerinage

Comme toutes nos fêtes vous intéressent, je voudrais vous raconter en détail notre pélerinage à Saint-Germain, le 2 juillet dernier, à l'occasion du couronnement de la Vierge miraculeuse qu'on y vénère. Dans la crainte d'être trop long, je vous dirai seulement que notre musique a fait beaucoup d'effet.

On a particulièrement remarqué un beau cantique composé pour la circonstance par notre cher poète, le frère Augustalis et richement harmonisé par M. Roussat. En un instant ce chant est devenu populaire et nous entraînions la foule qui chantait avec nous :

> Joyeux vignerons, vaillants laboureurs,
> Fils des verts sillons, fils des travailleurs,
> Fiers de notre foi, notre vieil honneur
> Nous venons t'offrir notre cœur !

La Distribution des Prix

Que vous dire de la distribution des prix ? Vous savez tous ce qu'est cette cérémonie dans votre Maison de Saint-Pourçain.

C'est une petite fête de famille à laquelle viennent assister un grand nombre de prêtres et d'amis pour encourager nos enfants et nous donner à tous un témoignage de leur attachement.

Nos succès académiques n'ont pas été inférieurs à ceux des années précédentes.

Nous avons eu pour divers examens cinq lauréats à couronner.

J'arrive à la pièce principale, je veux dire le magistral discours de M. le Curé Moitron.

Vous admirerez tous comme il a su trouver dans la « valise de Beaugaillard » non pas cent mille francs, mais un superbe bijou littéraire.

Sous sa plume féconde et magique, le vieux sac rebuté est devenu un écran très précieux livrant à nos yeux éblouis un véritable trésor.

Le Discours

Après les deux pièces théâtrales qui viennent de charmer nos yeux et nos oreilles, nous voilà bien fixés sur deux points d'inégale importance : le sort de la Valise de Beaugaillard, et le départ de Philippe Auguste pour la Croisade... Nos chers Anciens Élèves, à qui nous sommes si heureux de souhaiter la bienvenue à toutes nos fêtes, auraient entendu dire que leurs jeunes successeurs préparaient une excursion dramatique en plein moyen âge, et se faisaient en leur jeux pleins de douces illusions, « Pages et Ménestrels », recueillant dans leurs cœurs, les échos des sentiments qui vibraient sous les cuirasses des chevaliers partis. A cette nouvelle, ils se sont dit, les chers Anciens : « Mais, si notre vieille
« Maison de Saint-Pourçain est devenue un
« manoir féodal, si nos petits camarades sont
« Pages et Ménestrels, c'est nous sans doute qui
« sommes les Chevaliers... Et de fait il y a bien
« quelques années que nous avons pris carrière...

« Ils nous croient là-bas en route pour le Saint-
« Sépulcre; c'est une fausse information, nous
« n'avons rencontré ni le fanion de Philippe
« Auguste, ni les chevauchées farouches des
« Sarrasins; au lieu de Jérusalem, la galère capitane
« nous a simplement débarqués en pleine France
« moderne. Ils ignorent, les petits Ménestrels de là-
« bas, ils ignorent les transes de la France moderne
« et seront très heureux d'en apprendre quelques
« nouvelles. Allons leur dire que la France
« moderne a fini par retrouver sa valise. »

Dieu vous entende, chers Anciens! De fait, depuis quelques années, elle en a perdu beaucoup de valises, la pauvre France moderne. Vous nous dites que celle de Beaugaillard, s'était égarée dans une caserne : je ne m'étonne pas qu'elle ait échappé aux voleurs, et j'augure que c'est d'un heureux présage. Car la dernière valise de la France, celle de son honneur, se trouve, elle aussi aux mains de son armée. Au soir de Pavie, François Ier constatait que celle-là seule restait dans ses bagages... Nous sommes bien un peu au soir de Pavie... Et tout à l'heure en partageant les émotions de l'heureux Aristide, je me prenais à espérer que la gentille comédie pourrait bien être une prophétie. Rien n'est perdu, puisque l'honneur est sauf.

L'honneur de la France, Messieurs, nous célébrons cette année le quatorzième centenaire de sa naissance. C'était le jour où le Sicambre courba sa tête sous la main de S. Remy. Comme au matin des temps, quand l'Esprit de Dieu était porté sur les eaux, à cette heure, l'esprit qui devait vivifier la France, flottait sur les eaux du baptistère.

La France naissait : peuple prédestiné à des gloires et à des infortunes, qu'aucun autre n'avait connues, peuple qui ne mourra pas, car il puisa dans ses eaux baptismales, pour sa vitalité, une âme que les siècles ne pourront pas éteindre, et pour son cœur un sang généreux qu'aucun revers de l'avenir ne pourra appauvrir. A lui les grandes œuvres, à lui les grands dévouements; à lui, ce que les aïeux appelaient les « Gestes de Dieu par les Francs ». Les rivaux dans la lutte des siècles trouveront des triomphes momentanés; car lui, il ignorera l'art des savants calculs, des patientes intrigues et des trahisons fortunées, il ne saura pas drainer l'or des peuples vaincus : dans son opulente pauvreté il donnera à tous; il ne connaîtra que les conquêtes libératrices.

Même les plus sanglantes défaites ne pourront souiller sur ses blanches bannières déchirées la splendeur immaculée du lis; et si une fois il semble disparaître de la carte du monde, si le roi de France un jour, n'est plus que le roi de Bourges, l'âme de la patrie ne sera pas morte et Jeanne d'Arc viendra, qui, pour le guérir, ira le retremper dans les eaux natales, aux fonts sacrés de Reims. Et plus brillante que jamais, la blanche bannière en sortira, s'avançant pas à pas, pour les couvrir de ses plis, jusqu'aux frontières définitives ; étouffant sous son ombre la pullulation mortelle des sectes envahissantes, enfin forçant l'Europe jalouse, à l'admiration devant le soleil de Louis XIV : jusqu'au jour où tout croula, jusque sur le seuil des temps nouveaux, jusqu'à la veille des catastrophes qui semblaient annoncer, avec la fin d'un monde, le lever fatidique de ce que l'histoire appelle une époque…

Le vieux drapeau des gloires nationales ne flotta plus au vent, et la France, inondée de boue et de sang, sembla sur le point de mourir. Ce que l'étranger, dans ses fureurs séculaires n'a point pu réaliser, elle s'y épuisait dans les transports d'une agonie farouche, et elle se déchirait les entrailles de ses propres mains. Folies sacrilèges !! L'âme de la patrie est immortelle ; elle confia son honneur intact à des étendards nouveaux : et déjà les trois couleurs de ses aigles savaient le chemin de toutes les capitales.

Hélas ! depuis ces jours, les drapeaux de l'étranger ont connu eux aussi, nos chemins…

Le fardeau des défaites dernières nous écrase, et nous voici comme un peuple vieilli, sans idéal dans l'âme, sans ressort dans la poitrine, mûrs pour la décrépitude et la mort sans plaintes ni regrets. Un lourd sommeil pèse sur les intelligences, et les cœurs patriotiques se fatiguent à attendre l'heure d'un réveil qui se fait lente à venir.

C'est que les leçons du passé n'ont pas été comprises: l'âme de la patrie, qui est faite de foi en Dieu et de dévouement pour le bien, on ne l'a pas comprise... On n'a pas compris qu'en lui donnant l'amour de l'or pour rêve, on n'en ferait qu'une pâle copie britannique, qu'on n'en ferait qu'une caricature allemande en lui infusant comme principe vital l'axiome du vainqueur : *la force prime le droit.* C'est que, un grand désordre s'est fait dans les esprits! Le sang chrétien a été remplacé dans nos veines par un effroyable poison d'erreurs, si bien que le peuple le plus spirituel de la terre en a perdu le sens commun.

Plus d'idéal! le respect des traditions a fait son temps! à d'autres les enthousiasmes du dévouement! assez de ces rêveries! nous voulons le réel...

Et le réel est affreux. « Dans le monde à cette heure rien ne s'enchaîne; l'amour de l'ordre se confond chez les uns avec le goût des tyrans; chez les autres, le culte saint de la liberté avec le mépris des lois.

De cet affaissement des âmes, voulez-vous une preuve vraiment typique et palpable? Cherchez le symbole sacré de la patrie : où est-il? Autrefois il frémissait dans le vent des mêlées; il avait des voix d'héroïsme qui parlaient aux cœurs; on mourait joyeux et fier dans ses plis.... aujourd'hui on en a fait l'oripeau banal des réjouissances publiques sans objet, l'ornement prostitué à profusion aux lieux de plaisir...

Ah! le drapeau de la patrie, si cher à tout cœur

français et chrétien, nos yeux aiment à voir ses nobles et riantes couleurs rayonner dans cette enceinte! Là, il est à sa place : aussi bien que dans les batailles, il a droit de flotter sur les camps où se prépare la lutte; et cette école est un camp pour les luttes de l'avenir.

Mes chers enfants, en allant recevoir dans les bras de vos mères les récompenses de vos travaux, vous passerez au pied des trophées pavoisés. Dans votre triomphe juvénile, saluez le drapeau de la patrie. Au milieu des applaudissements mérités, entendez sa voix, la voix de toute notre histoire, qui vous dira le mot d'ordre des triomphes futurs: « Chrétiens et Français ». On n'est pas l'un sans l'autre.

Gentils « Pages et Ménestrels » qui nous parliez tout à l'heure de Philippe Auguste, sachez que la patrie d'aujourd'hui est toujours la patrie qui a fait les croisades. Elle semble endormie, mais elle se réveillera, et vous assisterez à ce réveil. Gardez pour ce moment, gardez au cœur les enthousiasmes qui palpitaient dans vos récits. Amour de Dieu, esprit de sacrifice, soif de dévouement, c'est de cela que la France a vécu; c'est sa vocation, sa destinée, sa raison d'être. Elle n'est ni l'Amérique, ni l'Angleterre, elle est le pays de Clovis, de Charlemagne, de saint Louis, de Jeanne d'Arc. Si vous trouvez sur votre chemin des gens qui ne comprennent pas ces choses, détournez vos pas et sachez attendre; ceux-là sont les artisans de la décadence : vous, vous devez être les hommes du relèvement.

Pendant vos vacances scolaires, soyez déjà, jeunes gens, ce que vous devez être quand vous serez des hommes : fidèles à vos principes, fidèles à vos amis, fidèles à Dieu. Vous trouverez des choses et des personnes qui vous feront pitié : donnez généreusement votre pitié à ces personnes et à ces choses. Le chrétien dans le monde aujourd'hui côtoie tant de platitudes, rencontre autour de lui, dans les paroles et dans les actions, tant de sottises et tant de bassesses, qu'il est bien exposé à la tentation d'orgueil; dans ces occasions, jeunes gens, ne soyez pas orgueilleux.... mais soyez fiers d'être chrétiens ! Et puis, soyez sans peur : c'est le secret pour être toujours sans reproches.

Enfin, Messieurs, dans une heure ou deux viendra le moment du départ. Que personne de vous n'oublie que Pages et Ménestrels nous ont aujourd'hui transportés en pleine atmosphère du moyen âge. Les enfants sont de charmants Pages ou des Ménestrels harmonieux. Par le fait, la chère maison de l'Institution est transformée en donjon gothique, et nous autres tous nous devons être quelque chose comme des écuyers, des paladins, des chevaliers; nous ne devons donc pas ignorer les lois de la politesse chevaleresque... et notre adieu au départ cherchera la Dame de céans : Petits Pages, un gracieux salut; gais Ménestrels, un dernier chant, nous tous un féodal hommage à la Dame de ce lieu, la Dame de la France, la Vierge de Lourdes ! Qu'elle bénisse le départ ; qu'elle bénisse le retour ! Nous lui devons plus que l'hommage, nous lui devons le filial merci. Reine toujours et partout, ici elle est par dessus tout Mère dans le culte plein d'amour qu'elle y reçoit, Mère dans le choix de ceux qui tiennent ici sa place.

Cette année scolaire, Messieurs, a vu la preuve de cette vigilance de Marie dans ses choix si pleins de tendresse à la fois et si éclairés.

L'an dernier, Chers Anciens, votre réunion amicale était attristée par les paroles de votre bien-aimé supérieur, le vieux et vénéré fondateur de cette Institution. C'était comme des paroles d'adieu.

Un adieu !... pouvait-il vous quitter ? pouvait-il vivre loin de vous et de tous les souvenirs de sa vie si active et si féconde ?

La glorieuse Mère n'a pas voulu qu'il partît. Elle a doublé ses forces, en lui donnant un autre lui-même qui l'aidât à vous aimer et à vous faire du bien.

Et au lieu d'un père pour vous recevoir quand les souvenirs de jeunesse, vous ramènent ici, vous en trouvez deux : l'un cherchant en vain la seconde place, quand votre affection s'obstine à le maintenir à la première ; l'autre avec sa belle intelligence qui le désignait pour l'héritage à la fois glorieux et pesant ; avec son bon cœur qui conspire avec le vôtre pour garder celui qu'il chérit et vénère autant que vous, de longues années encore à cette place, depuis 35 ans conquise.

Oui, merci à la douce Reine qui seule peut former des cœurs susceptibles de conflits pareils ! C'est que les maîtres de cette maison, eux surtout sont de sa famille : ils ont été formés par elle : ils peuvent changer de noms, ils ne changent ni d'esprit ni de cœur.

Et maintenant, mes chers Enfants, adieu, à Dieu et par Marie. Elle a béni l'année qui se termine, qu'elle bénisse le départ, qu'elle bénisse le retour !...

Après la lecture de ces belles et fortes pages toute réflexion serait importune. Je vous laisserai tout entière l'impression que vous avez éprouvée. Je m'arrête un instant pour céder la plume à frère Adorator. Il veut vous parler de moi. S'il est trop flatteur, vous ne croirez que la moitié ce qu'il vous dira.

Les procès du Frère Gualbert

CHERS AMIS

Quand il s'agit de frère Gualbert, je me mêle à vos rangs ; et, au même titre que vous, je me dis son élève.

Formé à son école pendant dix ans, j'ai cherché à m'assimiler ses principes, à marcher sur ses traces pour m'associer plus efficacement à son œuvre et pour que dans votre esprit nous ne fassions qu'un directeur en deux personnes.

Cette unité dans la dualité, nous l'avons assez bien réalisée jusqu'à présent. J'espère que le bon Dieu nous permettra de continuer longtemps encore cette direction à deux qui allège la responsabilité en la rendant comme impersonnelle, et qui vous donne un ami de plus sans vous demander le sacrifice d'un père.

Savez-vous que notre vieux Directeur n'a rien perdu de la vivacité de son sang bourguignon ?

Je veux vous raconter ses luttes pour la « liberté » afin que vous ne soyez pas trop étonnés s'il finit ses jours en prison. Comme un vieux criminel, il est chargé de condamnations ; et en ce moment, le nouveau maire de Saint-Pourçain se dispose encore à le traîner au prétoire (1).

Vous vous demandez ce qu'il a pu faire pour en arriver là. Écoutez : Il y a deux ans, le maire Guyot, lui défend formellement de laisser jouer sa musique dans la rue.

Frère Gualbert crie : vive la liberté ! et joue quand même.

On l'arrête, on verbalise, et on le condamne à deux francs d'amende.

Une polémique s'en est suivie ; elle a duré longtemps.

Savez-vous ce qu'il en est résulté ?

L'introduction de *La Croix* à Saint-Pourçain.

Depuis cette époque, il se vend, chaque dimanche, de 320 à 350 numéros.

Il serait facile de vous donner en brochure les articles publiés par la Croix.

A notre prochaine réunion, nous pourrons nous occuper de cette question.

---

(1) Le procès de Frère Gualbert et Roussat vient de se dérouler devant le Juge de Paix de Saint-Pourçain.

Les deux prévenus sont condamnés chacun à 5 francs d'amende. Nous vous raconterons dans le détail les péripéties de cette audience *dramatico-comique*.

Vous serez tous intéressés en retrouvant dans les débats un personnage bien connu à Saint-Pourçain, le *légendaire* citoyen Martin.

Le Maire Guyot est tombé : il avait trahï la liberté. M. Verne le remplace. C'était, au dire de tous, un homme excessivement libéral.

Nous lui demandons respectueusement de jouir du droit commun et de descendre à l'église, fanfare en tête.

Il refuse avec hauteur.

Arrive la grande fête de Saint-Pourçain.

Nous nous rendons tranquillement à la messe, les instruments sous le bras.

Mais à la sortie de l'office, le vieux libéral incorrigible, qui s'est incarné en frère Gualbert, s'irrite à la pensée d'être traité en proscrit, simplement par ce que cela plaît à quelque vulgaire autocrate ; et, sous la poussée vigoureuse d'un sentiment de fière liberté, il lance ce mot d'ordre : « Jouez ! »

Je vous laisse à penser si les cuivres retentissaient sur la place de l'Hôtel de Ville !!

Nous sommes arrivés sans obstacle jusqu'au Pensionnat, encouragés par la bienveillance de la foule.

On nous apprend de source certaine qu'un nouveau procès est intenté à frère Gualbert. Tant mieux !

Ce serait une grande lâcheté d'accepter la tyrannie, sous quelque forme qu'elle se présente, pour éviter les désagréments qu'entraîne la résistance !

Nous savons bien que nos réclamations seront stériles ; mais il est bon de donner quelquefois l'exemple de l'insoumission à des arrêtés de *bon plaisir* pour que le public, habitué à les voir observer, ne leur attribue jamais dans son esprit le caractère sacré de la loi.

J'espère donc que vous direz tous avec moi :

« *Vive le frère Gualbert !* »

Frère ADORATOR

P. S. Frère Gualbert et moi nous vous adressons nos vœux de bonne année. — Recevez-les pour vous et vos familles comme un témoignage de notre affectueux attachement.

Impôt de 4 0/0 sur le revenu, et Impôt d'abonnement

A la fin du siècle dernier, la confiscation des biens du clergé et des communautés religieuses se fit brutalement; et l'Assemblée Constituante, en attendant que la vente en fût faite créa, sous le nom *d'assignats*, un nouveau papier-monnaie qui, de deux millards, s'éleva jusqu'à 45 millards.

Ces 45 millards de papier-monnaie ne reposaient que sur deux millards de biens qui se vendaient difficilement; la banqueroute de l'Etat s'ensuivit, et, par contre-coup, la ruine des porteurs d'assignats. Le désastre du peuple fut grand.

La franc-maçonnerie s'est montrée plus prudente et aussi plus hypocrite vers cette fin de notre siècle : c'est par étapes que la confiscation doit se faire et sous le fallacieux prétexte que les congrégations ne paient pas les impôts comme tout le monde.

C'est là un mensonge bien audacieux; car à part les gens simples qui s'en rapportent absolument à leur journal maçonnique, tout le monde sait que les congréganistes paient les *cotes personnelles et mobilières*, la *patente*, l'*impot foncier*, celui des *portes et fenêtres*, des *immeubles*, le *droit de succession* sous la forme ordinaire ou celle dite de *mainmorte*....

Et depuis 1880, ils paient (*cette fois pas comme tout le monde*), un impôt sur un revenu qui n'existe pas, impôt de 4 0/0 sur les meubles et les immeubles possédés ou simplement habités.

Impôt de 4 0/0 sur le revenu. — Oui, en 1880, même les Congrégations hospitalières, celles des Petites Sœurs des Pauvres, tous les orphelinats... furent assimilés aux sociétés anonymes ou par actions qui, par la loi de 1872, paient pour impôts justifiés, un droit de 4 0/0 sur les bénéfices que les sociétaires ont à se partager.

C'était pour les congrégations la première étape de la confiscation de leurs biens.

En 1884, les chambres furent d'accord pour substituer l'impôt sur le revenu à celui des bénéfices qui sont nuls pour les maisons de charité et trop souvent pour celles d'éducation. C'était la deuxième étape.

Le fisc vient donc dire aux Petites Sœurs des Pauvres :

« La maison que vous habitez et qui abrite vos vieillards vaut cent mille francs ; qu'elle soit à vous ou non, à cinq pour cent, elle vous rapporte cinq mille francs ; donnez-nous le quatre pour cent de ces cinq mille francs, soit deux cents francs. »

On voit par là que l'impôt sur le revenu dont on menace les capitalistes, existe depuis 16 ans pour les congrégations religieuses, et cela sans décharge aucune des impôts ordinaires.

Au contraire, la soumission des congrégations à cet impôt d'exception devait leur valoir la troisième étape sans plus tarder.

Le droit d'accroissement. — En effet, cette même année, dans l'impatience d'attendre le but final, les chambres frappaient les Congrégations du *droit d'accroissement*.

Ce droit se basait sur ce principe absolument faux, qu'*un Congréganiste a une part dans toutes les maisons habitées, à n'importe quel titre, par ceux de son Ordre.*

Donc, à la perte d'un sujet, chacun des survivants, héritant de sa prétendue part, devait payer les droits de succession et dans chacun des bureaux d'enregistrement où la congrégation a une maison habitée par quelques-uns de ses membres.

Et comme la loi ne connaît pas de succession au-dessous de 20 francs, le droit à payer, à 11 fr. 25 pour o/o et y compris les décimes et le timbre, était de 3 francs au minimum, pour chaque survivant.

Un religieux dont la congrégation a des succursales dans 400 cantons différents, avait donc à verser au décès d'un confrère 1200 francs pour sa part la plus faible.

La Maison de Saint-Pourçain que nos anciens élèves connaissent tous et qu'habitent dix frères, passait ainsi au fisc en un an.

Les Congrégations qui occupent de nombreuses maisons, ne pouvaient payer pareil impôt d'exception. Pour vaincre la résistance, des adoucissements à la loi furent proposés, comme de payer en bloc et dans un seul bureau au total.... Mais les congrégations ne se pressant pas de donner dans ces différents pièges, les chambres remplacèrent le droit d'Accroissement par le droit d'Abonnement le 12 Avril 1895. C'était le Vendredi-Saint à 3 heures du soir; ce qui fit pousser cette exclamation à un Sénateur :

« Messieurs, c'est le jour et l'heure où le JUSTE a succombé. Il est 3 heures, et nous sommes le Vendredi-Saint. »

Le droit d'abonnement. — *La loi d'abonnement*, en dehors de tous les impôts dont nous avons parlé, demande pour chaque maison possédée ou simplement habitée par des religieux ou religieuses, savoir : 3 fr. par mille francs de la valeur des meubles et immeubles si la Congrégation est autorisée ; et 4 fr. par mille francs si elle ne l'est pas.

On appelle *Congrégations autorisées*, celles qui, sous les gouvernements précédents, ont obtenu de posséder des biens au nom de la Congrégation. Ces biens ne sont donc plus sujets à la mutation, et l'Enregistrement, par compensation, prélève sur ces biens l'impôt dit de *mainmorte*.

Cet impôt, au départ (1849), était le trentième de la mutation ; à cette heure, il en est le dix-septième. C'est dire que pour les biens de main-morte, on paie les droits de mutation pour une vente qui est supposée se faire tous les 17 ans.

Les *Congrégations non autorisées*, et ce sont les plus nombreuses, possèdent des maisons sur la tête de l'un des religieux ou de toute autre personne qui, à sa mort, les lègue à un autre. Ces biens supportent donc les charges ordinaires de succession, et ordinairement les plus élevées, de 11 fr. 25 pour cent.

La résistance passive. — Les congrégations autorisées répondent au fisc : « Si le droit de mainmorte n'est pas assez élevé, augmentez-en le taux... »

Mais en augmenter le taux, c'est augmenter en même temps les impôts des biens communaux et ceux de nombre de sociétés financières qui possèdent des biens de mainmorte. Et ce ne sont pas là les biens qu'on veut confisquer. D'ailleurs, sur 72.353 personnes morales qui subissent la taxe de mainmorte, les congrégations n'entrent en ligne de compte que pour le faible chiffre de 1.820 personnes morales ; tandis que les sociétés financières, qui remuent l'or du monde entier, comptent 4.115 sociétés anonymes qui jouissent du privilège de la mainmorte !

Les congrégations non autorisées répondent à leur tour : « Nous payons les impôts comme tout le monde, nous ne paierons pas votre impôt d'exception... »

Ce droit d'abonnement, au taux de 3 et de 4 francs par mille francs de capital, semble peu de chose à certaines personnes. Ces personnes ne réfléchissent pas au piège à peine dissimulé dans la loi. Chaque année, en effet, les Chambres peuvent élever ce taux et aboutir ainsi en peu de temps à la confiscation projetée.

D'ailleurs, il y va de l'honneur des religieux de ne pas se laisser mettre hors le droit commun.

Depuis plus d'un siècle, notre organisation sociale repose sur des principes fondamentaux énergiquement affirmés; les murs des édifices publics en offrent à tout instant aux yeux le résumé saisissant dans une brève formule :

« LIBERTÉ, ÉGALITÉ, FRATERNITÉ »

Dans la Constitution de notre pays, on lit :

« Nul ne peut être inquiété pour ses opinions, même religieuses. »

« Chacun professe sa religion avec une égale liberté et obtient pour son culte une égale protection. »

« Chacun peut se vêtir comme il l'entend, habiter avec qui bon lui semble. »

« Tous les Français sont égaux devant la loi, devant les tribunaux et devant l'impôt. »

« Le fisc ne peut introduire de distinction entre les contribuables. »

« L'impôt ne frappe pas des personnes, mais des situations économiques. »

Avec les nouvelles lois dont nous avons parlé, que deviennent ces maximes essentielles de notre droit public ? Peut-on désormais, pour les congrégations religieuses, parler de droit commun ?

Aussi, en face d'une telle violation du principe de l'égalité de tout Français devant l'impôt, le très grand nombre des congrégations religieuses ont adopté l'*attitude passive*, attitude qui revient à dire au fisc :

« Nous ne vous porterons pas nos biens ; nous vous laissons la honte et l'iniquité de nous les prendre par la violence. »

De là, les affiches au Peuple qu'on a placardées un peu partout et qui ont valu à notre *sympathique* professeur de musique, M. Roussat, de faire assigner devant le tribunal de Gannat, M. Guyot, notre ex-maire, qui avait fait lacérer les affiches placardées à Saint-Pourçain par les soins de notre vaillant professeur.

L'avocat de M. Guyot a reconnu que le cas de son client n'était pas défendable et a fait offrir à M. Roussat des dommages-intérêts, en laissant tous les frais à la charge du lacérateur.

Vous applaudirez tous, chers anciens élèves, à cet acte de courage de votre camarade.

Voici l'affiche en question ; vous la lirez, j'en suis sûr, avec beaucoup d'intérêt.

Affiche

Comité des Droits de l'homme et du citoyen

APPEL AU PEUPLE

Citoyens,

Une grande injustice va se commettre *en votre nom*.

La majorité de vos représentants, plus soucieuse d'obéir aux loges maçonniques que de s'occuper des intérêts du

PEUPLE, a voté l'INJUSTICE qu'on va appliquer sous le nom d'impôt d'accroissement ou d'abonnement.

Qu'est-ce donc que cet impôt inique?

On a essayé de faire croire au PEUPLE que c'était *une compensation* des impôts que les religieux ne payent pas.

C'EST FAUX !

Et quels sont donc les impôts que les religieux ne payent pas? Les religieux payent *la cote personnelle comme tout le monde;* ils payent *la cote mobilière, l'impôt sur les immeubles, la patente,* comme tout le monde; ils payent *l'impôt sur les Sociétés; l'impôt du sang,* par trois ans de service militaire comme tout le monde.

On dit qu'ils ne payent pas les droits de succession et que le droit d'abonnement les remplace.

Mais les religieux payent pour le remplacer *le droit annuel de mainmorte* comme toutes les Sociétés.

Si le droit de mainmorte est trop faible, qu'on l'augmente pour toutes les Sociétés; mais pourquoi le doubler, le tripler même pour *les seuls religieux* quand on ne demande rien aux autres Sociétés beaucoup plus riches et beaucoup moins utiles.

L'impôt nouveau d'abonnement est donc un **impôt spécial** qui frappe, sans raison, un certain nombre de citoyens, *à cause de leur costume,* de *leur genre de vie,* de *leur dévouement* et de *leurs sentiments religieux.*

C'est une loi d'exception!
C'est une loi de caprice!
C'est une loi d'injustice!
C'est une loi de tyrannie!

Eh quoi !

Cent ans après la Révolution Française, qui proclama les **droits de l'homme et l'égalité de tous les citoyens** devant l'impôt, nous serions encore sous un abominable régime de bon plaisir?

Après 25 ans de République, il nous faudrait constater douloureusement la faillite de la Liberté, de la Justice et de l'Égalité?

Pas de doute, par cette loi digne de la plus odieuse tyrannie, on veut faire payer aux Sœurs de Charité et aux servantes des pauvres le droit de se dévouer.

Taxer ainsi le dévouement pendant que les encouragements officiels et l'argent du budget vont aux égoïstes de tout acabit, aux panamistes, aux juifs et aux ignobles tripoteurs !

C'est une abomination !

On veut faire payer à nos *Frères des écoles* qui soldent tous les impôts et font trois ans de service militaire, on veut leur faire payer le droit d'élever, sans qu'il en coûte un sou à l'Etat, plus d'un millon d'ENFANTS DU PEUPLE.

Et pendant qu'on veut rogner le morceau de pain de ces instituteurs volontaires du peuple, **le budget consacre tous les ans 200 MILLIONS** *aux écoles sans Dieu.*

Criante injustice !

Français !

Cette loi d'abonnement est contraire aux *droits de l'homme ;* elle est *contraire à l'équité* et *à la justice ;* elle est *anticonstitutionnelle.*

Pour la défense de nos droits et de nos libertés, *nous sommes tous* **solidaires.**

Aujourd'hui on viole les droits des citoyens français qu'on nomme religieux.

Prenez garde ; demain ce seront vos propres droits

qu'on foulera aux pieds; demain ce sera le règne de la tyrannie.

A la rescousse donc, pour le Droit et pour la Liberté!

VIVE L'ÉGALITÉ!

La faillite de la Science

Un académicien, M. Brunetière, a donné au public, dans la *Revue des Deux-Mondes* (1ᵉʳ janvier 1895), les réflexions que lui a suggérées sa visite à Léon XIII durant le mois précédent. Il dénonce à la société, dans un article sensationnel, le péril d'une catastrophe imminente.

Cette révélation assez inespérée sous la plume d'un tel homme et sous le titre de « *Banqueroute de la Science* », a mis tout le clan libre-penseur en émoi. Les ennemis de l'Église en ont ressenti de l'irritation, presque de la colère.

M. Richet et M. Berthelot ont essayé la réplique pour calmer s'il se peut les alarmes des amis.

Leurs réponses, différentes dans la forme et par les qualités du style, témoignent de la même mauvaise humeur; et, à défaut d'arguments concluants, ils partent en guerre sur le thème connu : « Sus à l'Église, honneur à la science. »

Berthelot serait encore un inconnu sans un professeur de sciences auquel il doit la synthèse des alcools.

La coterie de la libre-pensée l'a aussitôt lancé et même fait ministre un instant. D'ailleurs, Berthelot s'était déjà fait remarquer durant la guerre et le siège de Paris comme convive assidu aux fameux dîners de Magny où, en compagnie de l'impie Renan et d'amis jouisseurs, il festoyait chaque soir, tandis que les soldats et les habitants de la grande ville souffraient du froid et de la faim.

Ces repas somptueux de la libre-pensée, en ces temps de calamité, avaient diverti toute la presse européenne.

Cependant, M. Brunetière nous avertit qu'il n'aura garde de commettre une indiscrétion, et ainsi qu'il ne faut point chercher dans son article les paroles de l'illustre Pontife.

Mais on les devine aisément, ces paroles tombées des lèvres du grand Pape, quand l'académicien accuse la science de n'avoir pas tenu ce qu'elle a tant de fois promis avec tant de fierté.

Les sciences physiques et naturelles ont promis de supprimer *le mystère*. Or, elles sont impuissantes même à poser les seules questions qui importent : celles qui touchent à l'origine de l'homme, à la loi de sa conduite et à sa destinée future.

Les savants philologues, hellénistes, hébraïsants, orientalistes, n'ont pas tenu leurs promesses davantage : l'histoire sainte survit à la débauche des critiques en tous genres de nos philosophes modernes.

Les sciences historiques n'ont pas répondu à la grande question qui est de savoir s'il existe une *loi de l'histoire*, et dans quelle mesure nous y sommes asservis...

C'est dire que si depuis cent ans, la science a prétendu remplacer la religion, la science, pour le moment et pour longtemps encore a perdu la partie.

Voilà pour quelles raisons la science a fait *banqueroute* dans son entreprise insensée de rendre inutile la religion. La religion ne peut être supprimée ; c'est ce qui assure le triomphe final de la religion sur l'orgueil de la science.

Et à propos du banquet où Berthelot devait, de ses cornues tirer les arguments décisifs contre Brunetière, un écrivain de théâtre fait les réflexions suivantes, en un journal de plaisir, l'*Echo de Paris* (avril 1895), et sous ce titre :

La faillite des pauvres Sciences qui se croyaient Dieu

Laissons-lui la parole :

Je me trouve d'accord avec Brunetière, sous cette réserve que la croyance nous fait défaut par irréligion invétérée...Ah! qu'il serait consolant et doux de connaître le chemin des Églises, de s'agenouiller devant l'autel d'un Dieu de justice et de bonté, d'implorer d'une prière ardente le pardon des fautes et des erreurs journalières, des vils désirs et des coupables joies! Qu'il serait réconfortant de se purifier dans l'aveu, dans la pratique des sacrements qui sont entre tous, symboles de sacrifice et de sublime pitié!

Mais comment transformer notre âme ? D'abord l'éducation universitaire enveloppa notre enfance d'incrédulité foncière, et nous communiqua son paganisme scolastique mêlé aux mauvaises raisons d'une philosophie prétendue rationaliste.

Arrivés à l'âge d'hommes, nous ne respirâmes que la propagande d'impiété, brûlant d'ôter aux pauvres gens un peu de bonheur terrestre, d'idéal et d'espoir éternel. Quand les années eurent éteint le démon de l'impiété et que sur les ruines de toutes nos ambitions, dans le désert de nos âmes dénuées, nous voulûmes élever un autel et nous souhaitâmes une foi, elle se refusa à notre ardente sollicitation : il n'était plus possible de bâtir un temple de refuge sur la poussière des vies manquées ; nous étions également incapables de prier et de croire.

Si la religion se dérobe, la science est absolument inefficace à satisfaire notre raison. Les pseudo-conquêtes scientifiques nous paraissent incertaines et momentanées;

elles se démontent l'une l'autre, elles se fondent sur des théories qu'un autre système vient anéantir. Admirez cette science si fière, si orgueilleuse de soi, qui n'a pu expliquer l'origine et le destin de l'humanité, ni déterminer positivement ce que c'est que la vie et la mort..... Les prétendus principes scientifiques ne sont donc que des méthodes de raisonnement.

La possession et l'application des forces naturelles qui sont les plus sûrs résultats de la science, en quoi ont-elles contribué au progrès et au bonheur de l'humanité? Certes, M. Brunetière a raison quand il montre les inventions de la chimie concourant à rendre la stupide guerre plus atroce et plus abominable encore.

De même les découvertes mécaniques, l'accroissement de la puissance industrielle n'ont fait que consolider l'assujettissement du prolétaire et achever son état précaire.

Auparavant, l'artisan, par son métier, son adresse manuelle, gardait une sorte d'indépendance et maintenait son individualité; il dépend à présent de la machine, de la fabrique et de la mine. L'énorme outil appartient au patron et l'ouvrier est serf de la vapeur et de l'électricité.

Les socialistes, il est vrai, promettent une réparation nouvelle, l'équitable distribution des machines, des terres et des biens.

Le bon billet! Quand et comment supprimeront-ils l'inégalité des conditions et des fortunes, puisque cette inégalité régna toujours?

En attendant ce renouveau d'égalité, la science n'a pas procuré aux misérables une plus grande somme de bien-être et de bonheur; mais, par ses affirmations hasardeuses, autant que par son esprit de négation dans l'ordre métaphysique, elle leur ôta l'espérance. A leur géhenne, à cet enfer de la vie, la prière prêtait ses consolations, et la religion leur dictait une règle de conduite dans l'attente des joies célestes. La libre-pensée des savants repousse ces billevesées; elle pourchassa l'idéal et fit le vide du ciel : c'en fut fait du paradis, mais pour les malheureux, l'enfer continue sur la terre.

Pauvres gens! damnés éternels dont les ânes savants ont piétiné bruyamment les Edens de délivrance et de joie, bouchez vos oreilles aux braiements méthodiques d'Aliboron; venez avec moi lire les pages du livre divin : tout ce qui a été dit depuis dans l'humanité de bon, de doux et de juste y est inscrit; toute révolte contre la méchanceté des sociétés, le pharisaïsme des docteurs, la tyrannie de l'argent, y est enseignée; toute élévation de l'individu par la piété, la réflexion et la solitude y est prêchée...

Voilà la source éternelle d'amour et de liberté.

Oui, chers anciens élèves, la source éternelle d'amour et de liberté est dans l'enseignement religieux que vous avez reçu de vos bons parents, du prêtre qui vous a fait faire votre Première Communion, des maîtres religieux auxquels vos parents chrétiens avaient confié votre éducation.

Je suis heureux, en face *du braiement de ces Aliborons* qui disputent à Dieu et à nos élèves la liberté de la rue, je suis heureux, dis-je, d'avoir pour défendre notre droit et notre foi un académicien libre-penseur et le plus remarquable des écrivains d'un journal de théâtre.

Ces deux hommes ne sont pas seuls : l'évolution qui se produit au haut de l'échelle sociale pour le retour aux saines doctrines de notre enfance religieuse est des plus consolantes.

Déjà, le révolutionnaire Vallès souriait mélancoliquement quand on lui parlait des croyances perdues. C'est lui qui a dit :

« Nulle femme n'a de grâce ni de tendresse, si elle n'a passé par le catholicisme. »

Et comme un jour Séverine lui demandait pourquoi les bourgeois voltairiens s'acharnent contre l'idée chrétienne, il répondait :

« Parce que c'est trop grand... et qu'ils sont bêtes ! »
(Pages mystiques de Séverine).

J'ai découpé encore, pour en faire part à nos anciens Élèves, cette boutade échappée à un jouisseur parisien entre la poire et le fromage.

Chacun des convives avait fait sa profession de foi.

« Écoutez-moi, s'écria un matérialiste, moi, je ne crois qu'à l'argent et au plaisir ; cependant, j'avoue que si vous voulez manger encore du canard aux navets et boire du bon vin blanc dans dix ans, il faut que nous en revenions à la loi du doux Jésus. Si on n'y revient pas, la classe ouvrière que nous poussons à l'incrédulité, avant peu nous collera au mur et nous crèvera la paillasse. »

C'est là de la crainte, dira-t-on ; et c'est vrai. Mais la crainte n'est-elle pas le commencement de la sagesse ?

D'ailleurs, au fond de ces âmes que les appétits du corps gouvernent, il reste toujours une voix qui crie : « Prends garde à toi ! »... Cette voix embêtait déjà les jouisseurs d'il y a plus d'un siècle ; ils jetaient des fleurs sur le passage de Voltaire pour qu'il achevât de les rassurer. Voltaire aurait bien voulu se rassurer lui-même ; sa vie de débauche, ses *petits panamas* vis-à-vis de ses éditeurs et autres créanciers, ne laissaient pas que de l'inquiéter à mesure qu'il sentait son corps lui échapper. Mais Voltaire n'avait pu, malgré son esprit, se débarrasser de Dieu ; et c'est bien lui qui nous a laissé ces deux vers :

« Le monde m'embarrasse, et je ne puis songer
« Que cette horloge existe et n'ai point d'horloger. »

D'ailleurs, chers Anciens Élèves, que sont les Berthelot à côté des Ampère, des Chevreul, des Laënnec, des Pasteur et tant d'autres qui ont fait faire à la vraie science des pas de géant, tout en restant religieux et profondément petits devant Dieu?

— Puis M. Brunetière, poursuivant ses réflexions, définit et loue le rôle de Léon XIII dans les conjonctures présentes. La science ayant failli à ses promesses et l'humanité retournant avidement à la religion, l'heure a sonné pour l'Église de dire et de montrer par ses œuvres « *le bien qu'elle peut faire encore à ce monde inquiet et troublé* ». Voilà, semble-t-il, le « grand dessein » de Léon XIII. Dans ce but, l'illustre Pontife « a fait trois grandes choses » : il a proclamé l'indépendance de l'Église à l'égard des formes de gouvernement ; il s'est occupé des questions ouvrières et a tracé nettement les grandes lignes de l'ordre social chrétien ; enfin, il travaille à préparer l'union des diverses Églises chrétiennes. « Résolûment, dit M. Brunetière, il a lancé la barque de Pierre sur la mer orageuse du siècle, et ni l'impétuosité des vents, ni le tumulte des flots, ni la clameur même des passagers effrayés de sa tranquille audace, ne l'ont un seul jour découragé de son but ».

Pour l'année prochaine, chers anciens Élèves, je vous réserve, si Dieu me prête vie, *la faillite de l'école sans Dieu* avec un *voyage à Lourdes* ; à ce Lourdes où depuis bientôt un demi siècle, arrivent de toutes les parties du monde des processions par milliers de pèlerins de toutes conditions. On y rencontre aussi quantité de médecins, des savants, d'hommes d'État, des libres-penseurs même qui tous veulent voir *de leurs yeux,* palper *de leurs mains* le surnaturel qui s'y manifeste au grand jour. C'est que la douce Vierge Marie qui aime tant la France, se plait à affirmer ce surnaturel en ce coin de notre patrie, afin de défendre notre foi contre le matérialisme et le sensualisme d'un siècle dont la dernière heure va bientôt sonner.

Frère GUALBERT.

Saint-Pourçain, le 15 décembre
Octave de la fête de l'Immaculée-Conception.

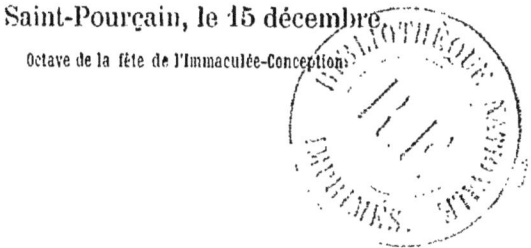

IMPRIMERIE
G. DUPUIS
A
Saint-Pourçain
(ALLIER)

www.ingramcontent.com/pod-product-compliance
Lightning Source LLC
Chambersburg PA
CBHW060945050426
42453CB00009B/1130